토익 기본기 완성　　　　　Week **06**

When 의문문

토익 Part 2는 들려주는 질문에 대한 가장 알맞은 응답을 고르는 유형입니다. When 의문문은 그 중에서 가장 쉬운 유형으로, '언제'라는 시점과 관련해 주로 과거나 미래의 일에 대해 묻습니다. 질문이 시작될 때 의문사 When만 제대로 들어도 시점 표현으로 된 선택지를 정답으로 고를 수 있으니 When을 듣자마자 한쪽에 꼭 적어 두세요. 그렇지 않으면 나중에 무슨 의문사였는지 헷갈릴 수 있어요.

언제(When) 개조 공사가 끝날까요?

■ 가까운 미래 시점 표현 응답

	언제 끝나다	
Q	**When** will the renovations be **finished**?	언제 개조 공사가 끝날까요?
A1	Next Friday, I think.	다음 주 금요일인 것 같아요.
A2	Sometime in August.	8월 중에요.
A3	In two weeks.	2주일 후에요.

·········· in + 기간: ~후에

■ 과거 시점 표현 응답

	언제 시작하다	
Q	**When** did the recycling program **start**?	언제 재활용 프로그램이 시작되었죠?
A1	Several years ago.	몇 년 전에요.
A2	Last week.	지난주에요.
A3	In June.	6월에요.

■ 의외의 응답

질문이 무엇이든 '모르겠어요'라고 말하는 답변은 정답인 경우가 많아요. 그 외에 '~에게 물어보세요'나 '아직 결정되지 않았어요'와 같은 말도 정답으로 잘 나오니 꼭 알아 두세요.

Q	**When** was the last **safety inspection**? (언제 / 안전 점검)	마지막 안전 점검이 언제였죠?
A1	I'm not sure.	잘 모르겠어요.
A2	Ask the manager.	부장님께 물어보세요.

점수 UP 정답으로 잘 나오는 시간 표현

구체적인 시간/요일/날짜
- tomorrow at 5 o'clock 내일 5시
- between 2 and 3 o'clock 2시에서 3시 사이에
- until 6 o'clock 6시까지
- every 5 minutes 5분마다
- in 30 minutes 30분 후에
- on Saturday night 토요일 밤에
- by Monday at the latest 늦어도 월요일까지
- in October 10월에
- the first week of April 4월 첫 주에
- a month ago 한 달 전에

대략적인 시기
- not until next week 다음 주나 되어야
- by the end of the week 주 말까지
- sometime in May 5월 쯤에
- in about an hour 약 1시간 후에
- any time after 6 P.M. 저녁 6시 이후 아무 때나
- earlier this year 올해 초에
- later this afternoon 오늘 오후 늦게
- as soon as the bus arrives 버스가 도착하자마자
- after we left 우리가 떠난 후에
- not for a few months 몇 달 더 있다가

Quiz 음원을 듣고 각 선택지가 질문에 알맞은 응답이면 O, 아니면 X에 표시하고 빈칸을 채워보세요.

1 _____ will the library open tomorrow?

(A) At 9 A.M.   [O X]
(B) Just down the street.   [O X]
(C) Check their Web site.   [O X]

2 _____ did Sandra ask for a computer upgrade?

(A) On my desk.   [O X]
(B) A week ago.   [O X]
(C) Sometime last week.   [O X]

정답 및 해설 p. 23

Practice

정답 및 해설 p. 23

▲ MP3 바로듣기   ▲ 강의 바로보기

오늘 배운 내용을 바탕으로 연습문제를 풀어 보세요.

1   Mark your answer.   (A)   (B)   (C)

2   Mark your answer.   (A)   (B)   (C)

3   Mark your answer.   (A)   (B)   (C)

4   Mark your answer.   (A)   (B)   (C)

5   Mark your answer.   (A)   (B)   (C)

6   Mark your answer.   (A)   (B)   (C)

7   Mark your answer.   (A)   (B)   (C)

8   Mark your answer.   (A)   (B)   (C)

9   Mark your answer.   (A)   (B)   (C)

10 Mark your answer.   (A)   (B)   (C)

memo

Today's VOCA

▲MP3 바로듣기

01 contact ★★
칸택(트) [kάntækt]
동 연락하다, 접촉하다 명 접촉, 연락(처)

contact the manufacturer directly
제조업체에 직접 연락하다

02 award ★★
어워ㄹ(드) [əwɔ́:rd]
동 주다, 시상하다 명 상, 포상

Special bonuses are **awarded** to
~에게 특별 보너스가 주어지다

03 establish ★★
이스태블리쉬 [istǽbliʃ]
동 설립하다, 수립하다, 확립하다

establish a committee
위원회를 설립하다

04 contract ★★
칸추랙(트) [kάntrækt]
명 계약(서) 동 계약하다

a copy of the sales **contract**
판매 계약서 사본

05 decision ★★
디씨줜 [disíʒən]
명 결정, 결단력

make a **decision** about
~에 대해 결정을 내리다
파 **decide** 동 결정하다

06 secure ★★
씨큐어ㄹ [sikjúər]
형 안전한, 확실한 동 얻다, 확보하다, 고정하다

keep our clients' personal items in a **secure** location 고객의 개인 물품들을 안전한 장소에 두다
파 **securely** 부 안전하게

07 sign ★★
싸인 [sain]
동 서명하다, 승인하다, 신호하다 명 조짐, 신호

customers who **sign** a 24-month lease
24개월 임대 계약에 서명하는 고객들
파 **signature** 명 서명

08 discuss ★★
디스커(스) [diskʌ́s]
동 논의하다, 토론하다

discuss the suggestions
제안 사항에 대해 논의하다
파 **discussion** 명 토론, 논의

동사의 특성 ❸

▲ 강의 바로보기

 태

모든 행위에는 그 행위를 하는 대상과 행위를 당하는 대상이 있습니다. 여기서 대상은 사람과 사물 둘 다 될 수 있습니다. 어떤 행위를 '하는' 사람 또는 사물을 주어 자리에 놓고 표현한 것을 능동태라고 하고, 어떤 행위를 '당하는' 사람 또는 사물을 주어 자리에 놓고 표현한 것을 수동태라고 합니다. 이 두 가지 동사 표현을 합쳐서 '태'라고 합니다.

■ 능동태

주어가 동사의 행위를 하는 주체인 문장을 말하며, 3형식 타동사 구문의 기본 형태인 「주어 + 동사 + 목적어」 구조를 사용합니다. 동사의 행위를 하는 주체가 주어 자리에, 동사의 행위를 당하는 대상이 목적어 자리에 옵니다.

행위를 하는 주체   행위를 당하는 대상
The landlord **raised** the rent last week.
지난주에 집주인이 임대료를 인상했다.

다시 말해, 타동사 뒤에 목적어가 있다면 동사의 태는 능동태가 되어야 합니다.

능동태

목적어
Mr. Hawkins **predicts** an increase in SUV sales next year.
호킨스 씨는 내년에 SUV 차량의 매출이 증가할 것으로 예측한다.

3초 퀴즈

Mr. Mendes ------- a meeting with the client.

(A) arranged
(B) was arranged

■ 수동태

수동태는 동사의 행위를 당하는 대상이 주어 자리에, 행위를 하는 주체가 목적어 자리에 오기 때문에 「주어 + be p.p. + (by + 행위자)」의 구조를 지닙니다. 이 구조에서 주어는 능동태 동사의 목적어이고, 행위자는 능동태 동사의 주어입니다. 수동태 동사 뒤에 오는 「by + 행위자」는 누구나 예측할 수 있는 인물일 경우에 생략하기도 합니다.

행위를 당하는 대상　　　　　　행위를 하는 주체
The computer was repaired by the technician free of charge.
그 컴퓨터는 기술자에 의해 무료로 수리되었다.

따라서, 타동사 뒤에 목적어가 없다면 동사의 태는 수동태로 쓰여야 합니다.

‥‥‥‥ 동사의 목적어가 없어요.
A book signing event **was held** in the Event Hall.
도서 사인회가 이벤트 홀에서 개최됐다.

 자동사의 수동태

수동태에서는 타동사의 목적어가 주어 자리로 이동하기 때문에 목적어를 가지지 않는 자동사는 수동태를 만들 수 없습니다.

능동태	주어	+	동사	+	목적어

수동태	목적어	+	be p.p.	+	by + 주어

‥‥‥‥ 목적어를 가지지 않는 1형식 자동사
Ms. Sanchez **arrived** at the meeting late.
산체스 씨는 회의에 늦게 도착했다.

▲ 강의 바로보기

오늘 배운 내용을 바탕으로 연습문제를 풀어 보세요.

1 New paper trays ------- in the copy machine this afternoon.

(A) were installing

(B) are installing

(C) have installed

(D) will be installed

memo

2 Since joining Greenland Group, Ms. Tona ------- many ideas with her colleagues.

(A) was shared

(B) has been shared

(C) has shared

(D) will be shared

3 The mayor of Dayton ------- the city's lack of recreational facilities on yesterday's radio show.

(A) had been addressed

(B) addressed

(C) will be addressed

(D) is addressed

4 The convention discounts are ------- only to those on our newsletter mailing list.

(A) offer

(B) to offer

(C) offering

(D) offered

5 Please remember that all customer complaints are ------- by Ms. Hawkins in the Customer Service Center.

(A) to handle

(B) handling

(C) handled

(D) handles

Today's VOCA

DAY 02

Part 5 동사의 특성 ③

01 proceed
프뤄씨잇 [prəsíːd]
통 진행되다

proceed smoothly
순조롭게 진행되다

02 advance
앳뺀스 [ædvǽns]
명 발전, 전진 통 나아가다, 발전하다 형 미리의

due to the **advances** in information technology IT 분야의 발전으로 인해
파 **advanced** 형 첨단의, 상급의

03 agreement
억뤼-먼(트) [əgríːmənt]
명 계약, 합의

negotiate a long-term **agreement** with
~와 장기 계약을 협상하다
파 **agree** 통 동의하다

04 condition
컨디션 [kəndíʃən]
명 상태, 조건, 환경

in its original **condition**
원래 상태로

05 term
터ㄹ엄 [təːrm]
명 조건, 용어, 기간

terms of the contract
계약 조건

06 cover
커뷔ㄹ [kʌ́vər]
통 다루다, (비용) 충당하다, 덮다 명 덮개

cover many topics
많은 주제를 다루다

07 authorize
어쩌롸이즈 [ɔ́ːθəraiz]
통 허가하다, 권한을 부여하다

authorize the payment for
~에 대한 지출을 허가하다
파 **authorized** 형 공인된, 권한을 부여받은

08 beyond
비얀(드) [bijánd]
전 (한도를) 초과하여, (경계를) 넘어서

beyond our expectations
우리의 기대를 초과하여

Part 2
Where 의문문

▲ MP3 바로듣기

▲ 강의 바로보기

Where 의문문은 '어디'라는 의미로 주로 사물이나 장소 등이 어디에 위치해 있는지, 물건을 어디에 두어야 하는지 등에 관해 묻습니다. 의문사 Where만 잘 들어도 장소/위치 표현으로 된 정답을 찾을 수 있어요.

> 어디에(Where) 노란색 폴더를
> 두었나요?

■ 장소/위치 표현 응답

어디 두다	
Q Where did you **leave** the yellow folder?	어디에 노란색 폴더를 두었나요?
A In your mailbox.	당신의 우편함 안에요.

어디 찾다	
Q Where can I **find** Mr. Chang's office?	창 씨의 사무실을 어디서 찾을 수 있죠?
A It's on the 3rd floor.	3층에 있습니다.

어디 슈퍼마켓	
Q Where's the closest **supermarket**?	어디에 가장 가까운 슈퍼마켓이 있죠?
A There's one on Main Street.	메인 스트리트에 하나 있어요.

「There's one + 장소/위치」는 '~에 하나 있어요'라는 뜻으로,
Where 의문문에 There's one ~으로 대답하면 90% 이상 정답이에요.

■ 의외의 응답

질문이 무엇이든 '모르겠어요'라고 말하는 답변은 정답인 경우가 많아요. 그 외에 '~에게 물어보세요'나 '아직 결정되지 않았어요'와 같은 말도 정답으로 잘 나오니 꼭 알아 두세요.

Q 어디 / 회의실
Where is the main **conference room**?   어디에 주 회의실이 있나요?

A1 Ask the receptionist.   접수 직원에게 물어보세요.

A2 I'm not sure.   잘 모르겠어요.

Q 어디 / 회사 야유회
Where will the **company picnic** be next year?   어디에서 내년 회사 야유회가 열릴까요?

A1 It hasn't been decided yet.   아직 결정되지 않았어요.

A2 David would know.   데이빗이 알 거예요.

 점수 UP 의문사를 놓치면 망하는 이유

Q. **Where** should we meet for lunch?
(A) Around noon.
(B) I'll have a sandwich.
(C) In the lobby.

의문사 Where를 놓치거나, 듣고도 확실히 기억하지 못할 경우 '점심 언제 먹냐는 말이었나?'하고 (A)를 고르거나, '점심 뭐 먹을까였나?'라고 착각하여 (B)를 고를 위험이 있기 때문에 의문사를 듣자마자 꼭 적어 두어야 합니다.

Quiz   음원을 듣고 각 선택지가 질문에 알맞은 응답이면 O, 아니면 X에 표시하고 빈칸을 채워보세요.

---

1 _____ can I find the service desk?

(A) In two weeks.   [O X]
(B) Down the hall to the left.   [O X]
(C) Near the main entrance.   [O X]

2 _____ the nearest post office?

(A) There's one on the next block.   [O X]
(B) Here's your new office.   [O X]
(C) Diana would know.   [O X]

정답 및 해설 p. 25

Practice | 정답 및 해설 p. 26

오늘 배운 내용을 바탕으로 연습문제를 풀어 보세요.

1 Mark your answer.   (A) (B) (C)

2 Mark your answer.   (A) (B) (C)

3 Mark your answer.   (A) (B) (C)

4 Mark your answer.   (A) (B) (C)

5 Mark your answer.   (A) (B) (C)

6 Mark your answer.   (A) (B) (C)

7 Mark your answer.   (A) (B) (C)

8 Mark your answer.   (A) (B) (C)

9 Mark your answer.   (A) (B) (C)

10 Mark your answer.   (A) (B) (C)

memo

Today's VOCA

▲ MP3 바로듣기

01 deal ★
디-일 [diːl]
똉 거래, 협상 ⑧ 거래하다, 처리하다

negotiate a **deal**
거래를 성사하다

02 assure ★
어슈어ㄹ [əʃúər]
⑧ 확신시키다, 확신하다

assure one's staff that
직원들에게 ~라고 확신시키다
⑪ **assurance** 똉 확신, 자신

03 apparent ★
어패뤈(트) [əpǽrənt]
톙 명백한, 뚜렷한

it is **apparent** that
~라는 사실이 명백하다
⑪ **apparently** 튀 명백히

04 win ★
윈 [win]
⑧ ~을 얻다, 이기다, 안겨주다

win an award
상을 받다

05 purchase ★★★★★
퍼ㄹ춰스 [pə́ːrtʃəs]
똉 구매, 구매품 ⑧ 구매하다

Thank you for your recent **purchase** of
최근의 ~ 구매에 감사드립니다.

06 offer ★★★★
어-뿨ㄹ [ɔ́ːfər]
⑧ 제공하다, 제안하다 똉 제공, 제안

offer customers free shipping
고객들에게 무료 배송 서비스를 제공하다

07 thoroughly ★★★
써로울리 [θə́ːrouli]
튀 철저히, 완전히

read the manual **thoroughly**
매뉴얼을 철저히 읽다
⑪ **thorough** 톙 완전한, 철저한

08 discount ★★
똉 디스카운(트) [dískaunt] ⑧ 디스카운(트) [diskáunt]
똉 할인 ⑧ 할인하다

offer discounts to customers
고객들에게 할인을 제공하다

📖 동사 문제 풀이 순서

앞서 배운 동사의 종류와 특성은 토익에서 동사 문법 문제를 풀 때 모두 활용됩니다. 토익에서 동사 문제는 동사 자리에 알맞은 동사의 형태를 넣는 유형으로 출제되는데 선택지에 주로 명사나 to부정사, 동명사 또는 분사와 같은 명백한 오답들이 포함됩니다. 동사 문제를 풀 때는 제시된 문장에서 빈칸이 동사 자리임을 우선 확인하고, 동사의 형태를 가진 선택지들 중에서 「수 일치 → 태 → 시제」 순으로 따져 정답을 찾으면 됩니다.

■ 동사 자리 확인

빈칸이 동사 자리임을 확인하기 위해서는 제시된 문장에서 동사를 찾는 것이 제일 중요합니다. 문장에 반드시 있어야 할 동사가 없다면 빈칸은 동사 자리입니다. 따라서 동사가 아닌 선택지 (B) to donate를 지웁니다.

········ 문장에서 동사가 보이지 않아요.

All mobile tablets at Pampano Middle School ------- by Samgate Electronics last month.
팜파노 중학교에 있는 모든 모바일 태블릿 컴퓨터들은 지난달 샘게이트 전자에 의해 기부되었다.

(A) donate   (B) to donate   (C) is donated   (D) were donated

■ 수 일치 확인

빈칸이 동사 자리임을 확인했다면, 다음은 주어와 빈칸에 들어갈 동사의 수를 일치시켜야 합니다. 문장의 주어를 찾고, 단수주어인지 복수주어인지 확인해야 합니다. 이때, 주어와 동사 사이에 있는 전치사구에 유의해야 합니다. 문장의 주어인 All mobile tablets는 복수주어이므로 단수동사인 선택지 (C) is donated를 소거합니다.

All mobile tablets at Pampano Middle School ------- by Samgate Electronics last month.
팜파노 중학교에 있는 모든 모바일 태블릿 컴퓨터들은 지난달 샘게이트 전자에 의해 기부되었다.

(A) donate   (B) to donate   (C) is donated   (D) were donated

■ 태 확인

빈칸에 들어갈 동사가 복수동사인 것을 확인했다면, 이제 동사의 태를 확인해야 합니다. 빈칸 뒤를 살펴 목적어가 있으면 능동태, 목적어가 없다면 수동태를 고르면 됩니다. 빈칸 뒤에 바로 by로 시작하는 전치사구가 있으니 선택지에서 능동태인 (A) donate를 제외합니다.

All mobile tablets at Pampano Middle School ------- by Samgate Electronics last month.
팜파노 중학교에 있는 모든 모바일 태블릿 컴퓨터들은 지난달 샘게이트 전자에 의해 기부되었다.

(A) donate   (B) to donate   (C) is donated   (D) were donated

■ 시제 확인

이제 마지막으로 동사의 시제만 확인하면 됩니다. 이미 동사의 태를 확인할 때 1개의 선택지만 남아 정답이 나왔지만, 정답인지 다시 한번 확인하고 싶다면 제시된 문장에서 시제를 나타내는 부사나 시간 표현을 찾으면 됩니다. 문장 맨 끝에 과거 시점을 나타내는 last month가 있으니 과거시제인 (D) were donated가 정답입니다.

All mobile tablets at Pampano Middle School ------- by Samgate Electronics last month.
팜파노 중학교에 있는 모든 모바일 태블릿 컴퓨터들은 지난달 샘게이트 전자에 의해 기부되었다.

(A) donate   (B) to donate   (C) is donated   (D) were donated

▲ 강의 바로보기

오늘 배운 내용을 바탕으로 연습문제를 풀어 보세요.

1 Several requests for repair work -------, but no one has shown up to begin working.

(A) made   (B) have made
(C) have been made   (D) has been made

memo _____

2 Mr. Dean ------- concerns about the budget proposals at tomorrow's meeting.

(A) had been expressing   (B) should be expressed
(C) will express   (D) is expressed

3 More than 60 paintings by Renaissance masters ------- in the west wing of the gallery.

(A) displays   (B) displaying
(C) display   (D) are displayed

4 This computer program ------- the steps that you need to take in order to do your job properly.

(A) was described   (B) to describe
(C) describes   (D) describe

5 The monthly staff meeting ------- for a later date because of our heavy workload.

(A) has scheduled   (B) has been scheduled
(C) have scheduled   (D) will have been scheduled

Today's VOCA

▲ MP3 바로듣기

01 release ★★
릴리스 [rilíːs]
뗑 출시, 공개, 발표 통 출시하다, 공개하다

the **release** of a new book
신간의 출시

02 selection ★★
씰렉션 [silékʃən]
뗑 선택, 선별, 구비, 구색

make a **selection**
선택하다
🅟 **select** 통 선택하다, 선정하다

03 process ★★
프라쎄스 [práses]
뗑 처리, 공정 통 처리하다, 가공하다

questions about the recycling **process**
재활용 공정에 관한 질문

04 market ★★
마ᄅ킷 [máːrkit]
뗑 수요, 시장 통 판매활동을 하다

a strong **market** for
~에 대한 높은 수요

05 issue ★★
이슈 [íʃuː]
뗑 문제, 발급 통 발행하다, 발부하다

obtain a free **issue** of the first edition
1쇄 한 권을 무료로 받다

06 automatically ★★
어터매틱컬리 [ɔːtəmǽtikəli]
분 자동적으로

activate **automatically**
자동으로 작동하다

07 remain ★★
뤼메인 [riméin]
통 (~인 상태를) 유지하다, 남다

remain open for a limited time only
한정된 시간 동안만 영업을 하다
🅟 **remainder** 뗑 나머지

08 install ★★
인스털 [instɔ́ːl]
통 설치하다

install new accounting software
새로운 회계 소프트웨어를 설치하다
🅟 **installation** 뗑 설치

VOCA

● 단어와 그에 알맞은 뜻을 연결해 보세요.

1 offer •

2 process •

3 establish •

• (A) 처리, 공정, 처리하다, 가공하다

• (B) 제공하다, 제안하다, 제공, 제안

• (C) 설립하다, 수립하다, 확립하다

● 다음 빈칸에 알맞은 단어를 선택하세요.

4 Special bonuses are ------- to
~에게 특별 보너스가 주어지다

5 a strong ------- for
~에 대한 높은 수요

(A) market
(B) authorize
(C) awarded

6 ------- the payment for
~에 대한 지출을 허가하다

● 실전 문제에 도전해 보세요.

7 The registration fees ------- the cost of a publication and an association sticker.

(A) cover   (B) deal
(C) win   (D) secure

8 We must obtain approval before we ------- customers' details to marketing companies.

(A) install   (B) award
(C) sign   (D) release

한 주 동안 학습한 내용을 적용하여 기출변형 문제들을 풀어 보세요.

▲ MP3 바로듣기　　▲ 강의 바로보기

1　Mark your answer.　　(A)　(B)　(C)

2　Mark your answer.　　(A)　(B)　(C)

3　Mark your answer.　　(A)　(B)　(C)

4　Mark your answer.　　(A)　(B)　(C)

5　Mark your answer.　　(A)　(B)　(C)

6　Mark your answer.　　(A)　(B)　(C)

7　Mark your answer.　　(A)　(B)　(C)

8　Mark your answer.　　(A)　(B)　(C)

9　Mark your answer.　　(A)　(B)　(C)

10　Mark your answer.　　(A)　(B)　(C)

한 주 동안 학습한 내용을 적용하여 기출변형 문제들을 풀어 보세요.

▲ 강의 바로보기

1 The enlargement of the office ------- us to conduct more than two projects simultaneously.

(A) was allowed
(B) to allow
(C) has allowed
(D) allowing

2 Heavy rain ------- to affect many areas of New Zealand over the next few days.

(A) expects
(B) has expected
(C) expectation
(D) is expected

3 Peak Star Camping Store ------- its seasonal sale of surplus stock later this week.

(A) hold
(B) will be holding
(C) is held
(D) had been holding

4 Factory production ------- by 20% due to a power failure last night.

(A) reduce
(B) reducing
(C) was reduced
(D) reduced

5 This letter is to confirm that Mr. Gilbert Horn ------- his new job as HR manager on July 1.

(A) have started
(B) will start
(C) was started
(D) has been starting

6 In order to meet higher demand, Chattered Accountants ------- the number of employees last year.

(A) increased
(B) was increased
(C) is increased
(D) increasing

7 All customers with a receipt may ------- to the store and get a refund for any defective products.

(A) return
(B) returning
(C) be returned
(D) have been returned

8 The high-speed train service from Munich to Nice ------- temporarily due to track maintenance.

(A) will be suspended
(B) was suspending
(C) suspends
(D) to suspend

9 All equipment at Kitebridge Middle School ------- by a local electronics manufacturer in 2018.

(A) was donated
(B) donated
(C) have donated
(D) will be donated

10 Hebert Inc.'s new recycling policy must be approved by the director of operations before it -------.

(A) have been implemented
(B) is implemented
(C) was implementing
(D) had been implementing

Week **06**
정답 및 해설

Day 01 When 의문문

Quiz

1. When will the library open tomorrow?
(A) At 9 A.M. [O]
(B) Just down the street. [X]
(C) Check their Web site. [O]

도서관이 내일 언제 문을 여나요?
(A) 오전 9시에요.
(B) 바로 길 저쪽에요.
(C) 그곳 웹 사이트를 확인해 보세요.

해설 (A) When에 어울리는 특정 시점 표현으로 답변하고 있으므로 정답.
(B) 위치 표현으로서 Where 의문문에 어울리는 답변이므로 오답.
(C) 특정 시간 대신 관련 정보를 확인할 수 있는 방법을 알려주는 것으로 답변하고 있으므로 정답.

어휘 **down the street** 길 저쪽에, 길을 따라 **check** ~을 확인하다 **their** 그들의 (여기서는 '도서관의'라는 뜻. 단체나 기관을 지칭할 때 그곳에 속한 사람들을 가리키는 의미로 they/their/them을 쓸 수 있어요.)

2. When did Sandra ask for a computer upgrade?
(A) On my desk. [X]
(B) A week ago. [O]
(C) Sometime last week. [O]

산드라 씨가 언제 컴퓨터 업그레이드를 요청하셨죠?
(A) 제 책상에요.
(B) 일주일 전에요.
(C) 지난주 중에요.

해설 (A) 위치/장소 표현으로서 Where 의문문에 어울리는 답변이므로 오답.
(B) When did ~?의 구조로 과거시점을 묻는 의문문에 어울리는 과거시점 표현이므로 정답.
(C) When did ~?의 구조로 과거 시점을 묻는 의문문에 어울리는 대략적인 과거시점 표현이므로 정답.

어휘 **ask for** ~을 요청하다 **시간/기간 + ago:** ~ 전에 **sometime** 언젠가 **last week** 지난주

Practice

| **1.** (A) | **2.** (C) | **3.** (A) | **4.** (B) | **5.** (C) |
| **6.** (A) | **7.** (A) | **8.** (B) | **9.** (C) | **10.** (C) |

1. When will you come back from your trip?
(A) Next Friday.
(B) I don't have enough time.
(C) I'm going downtown.

여행에서 언제 돌아오시나요?
(A) 다음 주 금요일이요.
(B) 저는 시간이 충분하지 않아요.
(C) 저는 시내로 갈 겁니다.

정답 (A)
해설 When에 어울리는 특정 미래시점을 나타내는 답변이므로 정답.
어휘 **come back from** ~에서 돌아오다 **trip** 여행 **enough** 충분한 **downtown** 시내로, 시내에

2. When did Ms. Chang return from her vacation?
(A) From New York.
(B) She just brought it.
(C) Yesterday, I think.

창 씨가 언제 휴가에서 돌아오셨죠?
(A) 뉴욕에서부터요.
(B) 그녀가 방금 그것을 가져왔어요.
(C) 어제인 것 같아요.

정답 (C)
해설 When에 어울리는 과거시점 표현으로 자신이 생각하는 바를 말하는 답변이므로 정답.
어휘 **return from** ~에서 돌아오다 **vacation** 휴가 **bring** ~을 가져오다 cf. 동사변화는 bring-brought-brought **I think** (문장 끝에 덧붙여) ~인 것 같다

3. When does the post office close?
(A) I have no idea.
(B) I'm not going there.
(C) It's close to the theater.

우체국이 언제 문을 닫죠?
(A) 모르겠어요.
(B) 저는 그곳에 가지 않아요.
(C) 그곳은 극장과 가까워요.

정답 (A)
해설 When에 어울리는 시점 표현 대신 잘 모르겠다는 의외의 응답에 해당하므로 정답.

어휘 **close** v. 문을 닫다, 영업을 끝내다 a. (to와 함께) (~와) 가까운
have no idea 모르다

4. When is the movie starting tonight?
(A) I really enjoyed that movie.
(B) At 7:30.
(C) In theater 10.

오늘 저녁에 영화가 언제 시작하죠?
(A) 영화를 정말 재밌게 봤어요.
(B) 7시 30분에요.
(C) 10관에서요.

정답 (B)
해설 특정 시간을 언급하는 답변으로, When 의문문에 어울리는 반응이므로 정답.
어휘 **really** 정말로 **enjoy** ~을 즐기다, 즐거워하다 **theater** 극장

5. When did Ms. Jang start working from home?
(A) I'm working in the Marketing Department.
(B) She usually takes the subway.
(C) A month ago.

장 씨가 언제 재택근무를 시작하셨죠?
(A) 저는 마케팅 부서에서 일해요.
(B) 그녀는 주로 지하철을 이용해요.
(C) 한 달 전이요.

정답 (C)
해설 특정 과거시점을 말하는 답변으로 시점을 묻는 When 의문문에 어울리는 정답.
어휘 **start -ing** ~하기를 시작하다 **work from home** 재택근무를 하다 **department** 부서 **usually** 주로, 보통 **take** (교통 수단 등을) 타다, 이용하다 **ago** 전에

6. When should we close the store for renovation?
(A) Let's do it next Friday.
(B) A kitchen renovation.
(C) No, they should go there.

보수 공사를 위해 가게를 언제 닫아야 하나요?
(A) 다음 주 금요일에 하시죠.
(B) 주방 보수 공사입니다.
(C) 아니요, 그들은 그곳에 가야 해요.

정답 (A)
해설 특정 미래시점을 말하는 답변으로 When 의문문에 어울리는 정답.
어휘 **close** (상점 등의) 문을 닫다 **renovation** 보수 공사

7. When is the project proposal due?

(A) Tomorrow at noon.
(B) Yes, the payment is due.
(C) Can you turn on the projector?

프로젝트 제안서의 기한이 언제인가요?
(A) 내일 정오요.
(B) 네, 지불이 예정돼 있어요.
(C) 프로젝터를 켜 주시겠어요?

정답 (A)
해설 특정 미래 시점으로 기한을 묻는 When 의문문에 어울리는 정답.
어휘 **project** 프로젝트 **proposal** 제안(서) **due** 지불해야 하는

8. When will my order be ready to pick up?
(A) At the fast-food restaurant.
(B) In thirty minutes.
(C) I just ordered the office supplies.

제가 주문한 것을 언제 가지러 갈 준비가 되나요?
(A) 패스트푸드 음식점에서요.
(B) 30분 후에요.
(C) 방금 사무용품을 주문했어요.

정답 (B)
해설 전치사와 특정 미래 시점을 말하는 답변으로 시점을 묻는 질문에 답하는 정답.
어휘 **order** n. 주문 v. 주문하다 **be ready to do** ~할 준비가 되다 **pick up** ~을 찾다, 찾아오다, 가지러 가다 **fast-food** a. 패스트푸드 전문의 **restaurant** 음식점 **in + 시간:** ~후에 **just** 방금, 막 **office supplies** 사무용품

9. When's the next staff meeting?
(A) Almost 80 staff members.
(B) In the break room.
(C) Let's check the calendar.

다음 직원 회의가 언제인가요?
(A) 거의 80명의 직원들이요.
(B) 휴게실에요.
(C) 달력을 확인해 봅시다.

정답 (C)
해설 달력을 확인해 보자는 말로, 특정 시점이 아닌 일정에 관한 의외의 응답이므로 정답.
어휘 **staff meeting** 직원 회의 **almost** 거의 **break room** 휴게실 **check** ~을 확인하다

10. Excuse me, when will our food be ready?
(A) I already finished the report.
(B) Outside the cafeteria.

(C) The kitchen is very busy tonight.

실례합니다만, 우리 음식은 언제 준비되나요?
(A) 보고서를 이미 마쳤습니다.
(B) 구내식당 밖이요.
(C) 주방이 오늘 저녁에 매우 바쁩니다.

정답 (C)
해설 특정 시점을 언급하지 않지만, 음식이 준비되는 시점이 늦을 것임을 유추하도록 하는 의외의 응답이므로 정답.
어휘 ready 준비가 된 already 벌써, 이미 finish ~을 마치다, 끝내다 report 보고서 outside ~의 밖에 cafeteria 구내식당 busy 바쁜 tonight 오늘 밤에

Day 02 동사의 특성 ❸

3초 퀴즈

정답 (A)
해석 멘데스 씨는 고객과의 회의를 마련했다.
해설 선택지의 동사 arrange가 타동사인데, 빈칸 뒤에 목적어가 있으므로 빈칸에는 능동태가 와야 한다. 따라서 (A) arranged 가 정답이다.
어휘 client 고객 arrange ~을 마련하다

Practice

1. (D)	2. (C)	3. (B)	4. (D)	5. (C)

1.

정답 (D)
해석 오늘 오후에 새로운 용지함이 복사기에 설치될 것이다.
해설 빈칸 뒤로 목적어가 없으므로 빈칸에는 수동태가 와야 한다. 따라서 수동태인 (D) will be installed가 정답이다.
어휘 paper tray (복사기의) 용지함 copy machine 복사기 install ~을 설치하다

2.

정답 (C)
해석 그린랜드 그룹에 입사한 이후, 토나 씨는 그녀의 직장 동료들과 많은 생각들을 나눠왔다.
해설 빈칸 뒤에 목적어가 있으므로 빈칸에는 능동태가 와야 한다. 따라서 능동태인 (C) has shared가 정답이다.
어휘 since ~이후로 join ~에 입사하다 colleague 직장 동료 share ~을 나누다

3.

정답 (B)
해석 데이튼의 시장은 어제 라디오 쇼에서 시의 휴양 시설의 부족을 다뤘다.
해설 빈칸 뒤에 목적어가 있으므로 빈칸에는 능동태가 와야 한다. 따라서 능동태인 (B) addressed가 정답이다.
어휘 mayor 시장 lack 부족 recreational 휴양의, 오락의 facility 시설 yesterday 어제 address ~을 다루다

4.

정답 (D)
해석 컨벤션 할인은 저희 뉴스레터 우편물 수신자 목록에 있는 분들께만 제공됩니다.
해설 빈칸 앞에 be동사 are이 있으므로 이 are과 함께 동사를 구성할 수 있는 (C) offering과 (D) offered 중에서 정답을 골라야 한다. 빈칸 뒤에 목적어가 없으므로 are과 함께 수동태를 구성하는 (D) offered가 정답이다.
어휘 discount 할인 only ~만 mailing list 우편물 수신자 목록 offer ~을 제공하다

5.

정답 (C)
해석 모든 고객 불만이 고객 서비스 센터의 호킨스 씨에 의해 처리된다는 점을 기억하시기 바랍니다.
해설 빈칸 앞에 be동사 are이 있으므로 이 are과 함께 동사를 구성할 수 있는 (B) handling과 (C) handled 중에서 정답을 골라야 한다. 빈칸 뒤에 목적어가 없으므로 are과 함께 수동태를 구성하는 (C) handled가 정답이다.
어휘 remember that ~임을 기억하다 customer 고객 complaint 불만 customer service 고객 서비스(부) handle ~을 처리하다

Day 03 Where 의문문

Quiz

1. Where can I find the service desk?
(A) In two weeks. [X]
(B) Down the hall to the left. [O]
(C) Near the main entrance. [O]

서비스 데스크를 어디에서 찾을 수 있나요?
(A) 2주 후에요.
(B) 복도를 따라 가시다가 왼쪽에서요.
(C) 중앙 출입구 근처에서요.

해설 (A) 미래시점 표현으로 When 의문문에 어울리는 답변이므로 오답.

(B) Where에 어울리는 특정 위치 표현으로 답변하고 있으므로 정답.

(C) Where에 어울리는 특정 위치 표현으로 답변하고 있으므로 정답.

어휘 **in + 기간:** ~ 후에 **down the hall** 복도를 따라 **to the left** 왼쪽에, 왼편에 **near** ~ 근처에, 가까이 **main entrance** 중앙 출입구

2. Where's the nearest post office?

(A) There's one on the next block. [O]

(B) Here's your new office. [X]

(C) Diana would know. [O]

가장 가까운 우체국이 어디 있죠?

(A) 다음 블록에 하나 있어요.

(B) 여기가 당신의 새 사무실입니다.

(C) 다이애나가 알 거예요.

해설 (A) 우체국의 위치를 알려주는 정답.

(B) 질문의 office를 반복하여 혼동을 노린 오답.

(C) 우체국의 위치를 알고 있는 사람을 알려주는 정답.

어휘 **nearest** 가장 가까운 **post office** 우체국

Practice

1. (A)	2. (A)	3. (A)	4. (C)	5. (A)
6. (C)	7. (B)	8. (C)	9. (B)	10. (B)

1. Where is the closest grocery store?

(A) Across the street.

(B) It's not open until tomorrow.

(C) For several hours.

가장 가까운 식료품점이 어디에 있죠?

(A) 길 건너편에요.

(B) 내일이나 되어야 문을 열어요.

(C) 몇 시간 동안이요.

정답 (A)

해설 위치 전치사와 장소 명사로 이루어진 답변으로 Where 의문문에 어울리는 정답.

어휘 **closest** 가장 가까운(close-closer-closest) **grocery store** 식료품점 **across** ~ 건너편에 **not A until B:** B나 되어야 A하다 **several** 여럿의, 몇몇의

2. Where is the new intern?

(A) She's talking with the manager.

(B) In a week.

(C) A free Internet service.

신입 인턴 직원이 어디에 있죠?

(A) 부장님과 이야기 중입니다.

(B) 일주일 후에요.

(C) 무료 인터넷 서비스요.

정답 (A)

해설 Where에 어울리는 장소 전치사구 대신 무엇을 하는지 알리는 말로 답변하는 정답.

어휘 **in + 시간/기간:** ~ 후에 **free** 무료의

3. Where does Mr. Kim work?

(A) In the Accounting Department.

(B) By taking the subway.

(C) He joined the team last week.

킴 씨가 어디서 근무하죠?

(A) 회계부에서요.

(B) 지하철을 이용해서요.

(C) 그분은 지난 주에 팀에 합류하셨어요.

정답 (A)

해설 Where에 어울리는 장소 전치사구로 답변하고 있으므로 정답.

어휘 **accounting department** 회계부 **by -ing** (방법) ~함으로써, ~해서 **take + 교통 수단:** ~을 타다, 이용하다 **join** ~에 합류하다, ~와 함께 하다

4. Where should I put these documents?

(A) I should go home now.

(B) Probably the budget report.

(C) In the meeting room, please.

이 서류들을 어디에 둘까요?

(A) 지금 집에 가야 할 것 같아요.

(B) 아마도 예산 보고서요.

(C) 회의실에요.

정답 (C)

해설 장소 전치사와 장소명사가 언급되어 서류를 둘 장소를 묻는 Where 의문문에 어울리는 반응이므로 정답.

어휘 **document** 문서, 서류 **probably** 아마도 **budget** 예산 **report** 보고서

5. Where did you get your sweater?

(A) At a store in the city center.

(B) That looks good on you.

(C) Two weeks ago.

스웨터를 어디서 사셨나요?

(A) 시내에 한 상점에서요.

(B) 당신에게 잘 어울리네요.

(C) 2주 전에요.

정답 (A)

해설 스웨터를 산 장소를 장소 전치사와 함께 언급하여 Where 의문문에 어울리므로 정답.

어휘 **great** 좋은, 괜찮은 **store** 상점 **city center** 시내, 도심 **look good on** ~에게 잘 어울리다 **ago** ~전에

6. Where can I find the vitamins?

(A) Yes, I exercise three times a week.

(B) In three weeks.

(C) In the back section of the store.

비타민을 어디에서 찾을 수 있나요?

(A) 네, 저는 일주일에 세 번씩 운동해요.

(B) 3주 후에요.

(C) 매장 뒤쪽에요.

정답 (C)

해설 비타민을 찾을 수 있는 장소를 장소 전치사와 함께 언급하여 Where 의문문에 어울리므로 정답.

어휘 **exercise** 운동하다 **in + 시간/기간:** ~후에 **section** 부분

7. Where should I go when I visit Canada?

(A) On the last summer vacation.

(B) To the national parks.

(C) Thank you for your visit.

캐나다에 방문하면 어디에 가야 하나요?

(A) 지난 여름 휴가에요.

(B) 여러 국립 공원에요.

(C) 방문해 주셔서 감사합니다.

정답 (B)

해설 장소 전치사와 장소명사가 언급되어 방문할 만한 장소를 묻는 질문에 어울리는 답변이므로 정답.

어휘 **visit** n. 방문 v. ~을 방문하다 **vacation** 방학, 휴가 **national park** 국립 공원

8. Where did you buy your jacket?

(A) Two shirts and a jacket.

(B) It's bigger than I thought.

(C) This was a gift from my parents.

당신의 재킷은 어디서 구입하신 건가요?

(A) 셔츠 두 장과 재킷 하나요.

(B) 제가 생각했던 것보다 크네요.

(C) 부모님께서 사주신 선물이었어요.

정답 (C)

해설 장소를 언급하지 않지만 전치사구를 활용해 부모님으로부터의 선물임을 알리고 있으며, 의미상 Where 의문문에 대한 의외의 응답이므로 정답.

어휘 **buy** 구입하다 **gift from** ~가 사준 선물

9. Where's the art gallery located?

(A) A famous painter.

(B) There's a map in the pamphlet.

(C) It was last month.

미술 전시관은 어디에 위치해 있나요?

(A) 유명한 화가요.

(B) 책자에 지도가 있습니다.

(C) 지난 달이었어요.

정답 (B)

해설 책자에 지도가 있다는 말로 위치를 확인할 수 있는 방법을 제시하였으므로 Where 의문문에 대한 의외의 응답이므로 정답.

어휘 **be located** 위치하다 **famous** 유명한 **painter** 화가 **map** 지도

10. Where did you have your computer fixed?

(A) I bought a new tablet last weekend.

(B) I wouldn't recommend there.

(C) For ten hours.

컴퓨터를 어디서 수리 받으셨나요?

(A) 지난 주말에 새 태블릿을 샀어요.

(B) 그곳을 권하고 싶지 않아요.

(C) 10시간 동안이요.

정답 (B)

해설 컴퓨터를 수리 받은 장소를 there로 지칭하여 그곳을 권하고 싶지 않다는 의미를 나타내며 Where 의문문에 대한 의외의 응답에 해당하므로 정답.

어휘 **have A fixed:** A를 수리 받다 **buy** ~을 구입하다(buy-bought-bought) **last** 지난 **recommend** 권하다, 추천하다 **for + 숫자 기간:** ~동안

Day 04 동사 총정리

Practice

1. (C)	2. (C)	3. (D)	4. (C)	5. (B)

1.

정답 (C)

해석 수리 작업에 대해 몇번의 요청이 있었지만, 아무도 작업을 시작하기 위해 나타나지 않았다.

해설 선택지가 모두 동사로 구성되어 있으므로, 수-태-시제 순으로 소거법을 적용해본다. 우선, 주어가 복수이므로 단수동사인 (D) has been made를 소거한다. 또한, 빈칸 뒤에 목적어가 없으므로 능동태인 (A) made와 (B) have made를 소거한다. 따라서 (C) have been made가 정답이다.

어휘 several 몇번의 make a request 요청하다 repair 수리 work n. 작업 v. 작업하다 show up 나타나다

2.

정답 (C)

해석 딘 씨는 내일 회의에서 예산 제안서에 대해 우려를 표할 것이다.

해설 선택지가 모두 동사로 구성되어 있으므로, 수-태-시제 순으로 소거법을 적용해본다. 선택지가 모두 단수동사 또는 조동사로 시작하여 수는 확인하지 않아도 된다. 빈칸 뒤에 목적어가 있으므로 수동태인 (B) should be expressed와 (D) is expressed를 소거한다. 마지막으로 시제를 확인하면 되는데 문장 끝부분에 tomorrow라는 미래 시점을 나타내는 표현이 있으므로 미래시제 능동태 (C) will express가 정답이다.

어휘 concern 우려 budget 예산 proposal 제안(서) express ~을 표현하다

3.

정답 (D)

해석 르네상스 시대의 유명 작가들에 의한 60개 이상의 그림들이 미술관의 서쪽 동에 전시되어 있다.

해설 선택지가 모두 동사의 변형으로 구성되어 있으므로, 수-태-시제 순으로 소거법을 적용해본다. 우선, 동사가 아닌 (B) displaying을 소거하고, 주어가 복수이므로 단수동사인 (A) displays도 지운다. 또한, 빈칸 뒤에 목적어가 없으므로 능동태인 (C) display도 소거한다. 따라서 (D) are displayed가 정답이다.

어휘 painting 그림 Renaissance 르네상스 시대의 master 유명 작가 gallery 미술관 display ~을 전시하다

4.

정답 (C)

해석 이 컴퓨터 프로그램은 당신의 직무를 제대로 하기 위해 당신이 따라야 할 단계들을 설명한다.

해설 선택지가 모두 동사의 변형으로 구성되어 있으므로, 수-태-시제 순으로 소거법을 적용해본다. 우선, 동사가 아닌 (B) to describe를 소거하고, 주어가 단수이므로 복수동사인 (D) describe도 소거한다. (A) was described는 수동태이고 (C) describes는 능동태이므로 태를 따져 정답을 골라야 한다. 빈칸 뒤에 목적어가 있으므로 능동태 (C) describes가 정답이다.

어휘 step 단계 in order to ~하기 위해 job 직무 properly 제대로 describe ~을 설명하다

5.

정답 (B)

해석 월간 직원 회의가 우리의 많은 업무량 때문에 나중으로 일정이 잡혔다.

해설 선택지가 모두 동사로 구성되어 있으므로, 수-태-시제 순으로 소거법을 적용해본다. 우선, 주어가 단수이므로 복수동사인 (C) have scheduled를 소거하고, 빈칸 뒤에 목적어가 없으므로 능동태인 (A) has scheduled도 소거한다. 마지막으로 빈칸 뒤에 전치사 for와 기간명사가 제시되어 있으므로 현재완료시제인 (B) has been scheduled가 정답이다.

어휘 monthly 월간의 staff 직원 for a later date 나중으로 because of ~때문에 heavy 과도한 workload 업무량 schedule 일정을 잡다

Day 05 Weekly Test

VOCA

1. (B)	2. (A)	3. (C)	4. (C)	5. (A)
6. (B)	7. (A)	8. (D)		

7.

해석 등록 비용에 출판물 비용과 협회 스티커가 포함되어 있다.

해설 빈칸 앞에는 등록비용이, 빈칸 뒤에는 세부적인 물품 비용이 제시되어 있으므로 '(비용에) 포함되어 있다'라는 뜻의 (A) cover가 정답이다.

어휘 registration 등록 fee 비용 cost 비용 publication 출판물 association 협회 cover (비용에) 포함되어 있다 deal 처리하다 win 얻다, 이기다 secure ~을 얻다, 확보하다

8.

해석 마케팅 회사에 고객들의 세부정보를 공개하기 전에 반드시 승인을 얻어야 한다.

해설 빈칸에는 마케팅 회사를 대상으로 고객 정보에 대해 특정 회사가 할 수 있는 행동을 나타낼 단어가 필요하다. 따라서 '~을 공개하다'라는 뜻의 (D) release가 정답이다.

어휘 obtain ~을 얻다 approval 승인 before ~전에 customer 고객 details 세부 정보 install ~을 설치하다 award 상을 주다 sign 서명하다 release ~을 공개하다

LC

1. (C)	2. (A)	3. (C)	4. (C)	5. (B)
6. (B)	7. (C)	8. (C)	9. (B)	10. (B)

1. When will the new program be installed?
(A) I don't want to buy it.
(B) It's not working well.
(C) In a few days.

새로운 프로그램이 언제 설치되는 거죠?
(A) 저는 그것을 구입하고 싶지 않아요.
(B) 잘 작동되지 않아요.
(C) 며칠 후에요.

정답 (C)
해설 (A) 새 프로그램이 설치되는 시점이 아닌 답변자 자신의 구입 의사와 관련된 답변이므로 오답.
(B) 새 프로그램이 설치되는 시점이 아닌 작동 상태와 관련된 답변이므로 오답.
(C) 시간 전치사와 기간을 나타내는 명사구로 미래시점을 나타내는 답변으로, 새 프로그램 설치 시점을 묻는 질문에 어울리므로 정답.

어휘 install ~을 설치하다 work (기기 등이) 작동되다
in + 시간/기간: ~ 후에

2. When can I get the copy of the document?
(A) Before the end of the week.
(B) Sure, you can do it.
(C) That's the new copy machine.

제가 언제 그 서류의 사본을 받을 수 있죠?
(A) 주말 전에요.
(B) 그럼요, 그걸 하셔도 됩니다.
(C) 그게 새 복사기입니다.

정답 (A)
해설 (A) 시간 전치사와 시간명사로 시점을 나타내어 서류의 사본을 받을 수 있는 시점을 묻는 When 의문문에 어울리는 답변이므로 정답.
(B) 상대방의 요청에 대해 확인하거나 허락을 할 때 사용하는 표현이므로 오답.
(C) 질문에 포함된 copy를 반복 사용한 답변으로 질문 내용과 관련 없는 오답.

어휘 get ~을 받다, 얻다 copy (서류 등의) 사본, 1부, 1장 document 서류, 문서 before ~ 전에

3. Where did you get that file folder?
(A) A few minutes ago.
(B) For the upcoming reception.
(C) I purchased it at the shop.

어디서 그 파일 폴더를 구하셨나요?
(A) 몇 분 전에요.
(B) 곧 있을 축하 행사를 위해서요.
(C) 상점에서 구입했어요.

정답 (C)
해설 (A) 대략적인 과거시점 표현으로서 When 의문문에 어울리는 답변이므로 오답.
(B) 목적 또는 이유를 나타내는 전치사구로 답변하여 Why 의문문에 어울리는 반응이므로 오답.
(C) 장소 전치사와 장소명사가 언급되어 파일 폴더 구입 장소를 언급하고 있으므로 정답.

어휘 get ~을 구하다, 얻다, 가져오다 시간 + ago: ~ 전에 upcoming 곧 있을, 다가오는 reception 축하 행사, 기념 행사 purchase ~을 구입하다

4. Where is the computer workshop being held?
(A) At five o'clock.
(B) The newest laptop computer.
(C) In conference room A.

컴퓨터 워크숍이 어디에서 열리죠?
(A) 5시에요.
(B) 최신형 노트북 컴퓨터입니다.
(C) A 회의실에서요.

정답 (C)
해설 (A) 시간 전치사와 시간명사가 사용된 시점 표현으로, When 의문문에 어울리는 답변이므로 오답.
(B) 질문에 포함된 computer를 활용한 답변으로 워크숍 개최 장소와 관련 없는 오답.
(C) 장소 전치사와 장소명사가 사용된 장소 표현으로, 워크숍 개최 장소를 묻는 Where 의문문에 어울리므로 정답.

어휘 be held 열리다, 개최되다

5. When does she leave for Chicago?
(A) Yes, I'll leave at 5 P.M.

(B) Sometime in September.
(C) A short flight, actually.

그녀가 언제 시카고로 떠나나요?
(A) 네, 저는 오후 5시에 떠날 거예요.
(B) 9월 중에요.
(C) 사실, 단거리 비행이에요.

정답 (B)
해설 (A) Yes/No로 시작하는 답변은 When 의문문에 어울리지 않
으므로 오답.
(B) 시점을 말하는 답변으로 그녀가 시카고로 떠나는 시점을
묻는 When 의문문에 어울리므로 정답.
(C) 단거리 비행이라는 답변으로 비행기를 타고 떠나는 것과
연관되게 들리지만 질문 내용과 관련 없는 오답.
어휘 leave for ~로 떠나다 sometime 언젠가 short flight
단거리 비행 actually 사실은

6. Where did you buy that wireless keyboard?
(A) No, I'm still using them.
(B) I ordered it online.
(C) Twenty dollars, I think.

그 무선 키보드를 어디서 사셨어요?
(A) 아니요, 아직도 쓰고 있어요.
(B) 온라인으로 주문했어요.
(C) 20 달러인 것 같아요.

정답 (B)
해설 (A) Yes/No로 시작하는 답변으로 Where 의문문에 어울리지
않는 반응이므로 오답.
(B) 온라인에서 주문했다는 내용은 어디서 구입했는지 묻는
질문에 어울리는 반응이므로 정답.
(C) 가격을 언급하는 답변으로 Where 의문문에 어울리지 않
는 반응이므로 오답.
어휘 buy ~을 구입하다 wireless 무선의 still 여전히, 아직도
I think (문장 끝에 덧붙여) ~라고 생각해요 order ~을
주문하다 online ad. 온라인으로, 온라인에서

7. When is my first meeting today?
(A) Yes, around dinner time.
(B) He was at the meeting this morning.
(C) Not until after lunch.

오늘 제 첫 회의는 언제죠?
(A) 네, 저녁 식사 시간쯤에요.
(B) 그는 오늘 아침에 회의에 참석하셨어요.
(C) 점심시간 이후나 되어야 해요.

정답 (C)

해설 (A) Yes/No로 시작하는 답변으로 When 의문문에 어울리지
않는 오답.
(B) 질문에 포함된 meeting을 반복 사용한 답변이지만 He에
관해 알 수 없으므로 질문과 관련 없는 오답.
(C) 미래시점을 말하는 답변으로 일정을 묻는 When 의문문
에 어울리는 정답.
어휘 around 약 not until A: A나 되어야 하다 after ~후에

8. Where did you go for your summer vacation?
(A) Yes, I had a very good time.
(B) For almost two weeks.
(C) I went skydiving near my hometown.

여름 휴가로 어디에 가셨나요?
(A) 네, 정말 좋은 시간을 보냈어요.
(B) 거의 2주 동안이요.
(C) 제 고향 근처로 스카이다이빙을 하러 갔어요.

정답 (C)
해설 (A) Yes/No로 시작하는 답변으로 Where 의문문에 어울리지
않는 반응이므로 오답.
(B) 기간을 말하는 답변으로 How long 의문문에 어울리는
반응이므로 오답.
(C) 위치 전치사 near와 장소명사를 사용하여 무엇을 하러
갔는지 언급하는 답변으로 Where 의문문에 어울리는 답
변이므로 정답.
어휘 vacation 방학, 휴가 for almost 기간: 거의 ~ 동안 near
~근처에 hometown 고향

9. When will the new table be delivered?
(A) A table for 10, please.
(B) It's out of stock.
(C) Yes, I received it.

새 탁자가 언제 배송되나요?
(A) 열 명이 앉을 자리를 부탁드려요.
(B) 재고가 없습니다.
(C) 네, 제가 받았어요.

정답 (B)
해설 (A) 질문에 포함된 table을 활용한 답변이지만, 새 탁자의 배
송 일정과 관련 없으므로 오답.
(B) When 의문문에 어울리는 시점 표현 대신 재고가 없다는
말로 시점에 대한 불확실성을 나타내므로 정답.
(C) Yes/No로 시작하는 답변은 When 의문문과 어울리지 않
으므로 오답.
어휘 be delivered 배송되다 be out of stock 재고가 없다,
품절되다 receive ~을 받다

10. Where should I place this cabinet?

(A) I like that place.

(B) I don't have enough room here.

(C) Tomorrow morning.

이 수납장을 어디에 두어야 할까요?

(A) 그 장소를 좋아해요.

(B) 여기 공간이 충분하지 않아요.

(C) 내일 오전이요.

정답 (B)

해설 (A) 질문에 포함된 place를 동사가 아닌 명사로 활용한 답변
이지만, 질문 내용과 관련 없는 오답.

(B) 공간이 충분하지 않다는 말로 수납장을 둘 장소가 없음을
언급하여 Where 의문문에 어울리므로 정답.

(C) 특정 시점을 나타내는 표현으로, When 의문문에 어울리
는 답변이므로 오답.

어휘 **place** n. 공간, 장소 v. ~을 놓다, 두다 **cabinet** 보관함
enough 충분한 **room** 공간

RC

1. (C)	2. (D)	3. (B)	4. (C)	5. (B)
6. (A)	7. (A)	8. (A)	9. (A)	10. (B)

1.

정답 (C)

해석 사무실의 확장으로 인해 우리는 두 개 이상의 프로젝트를 동
시에 진행할 수 있게 되었다.

해설 빈칸 앞뒤에 주어와 목적어가 있으므로 빈칸은 동사 자리이고
능동태가 와야 한다. 따라서 (C) has allowed가 정답이다.

어휘 **enlargement** 확장 **conduct** ~을 실시하다 **more than**
~이상의 **simultaneously** 동시에 **allow** ~할 수 있게 하다

2.

정답 (D)

해석 폭우가 향후 며칠간 뉴질랜드의 많은 지역에 영향을 미칠 것으
로 예상된다.

해설 빈칸 앞에 주어가 있고 빈칸 뒤에 목적어가 없으므로 빈칸은
동사 자리이다. 따라서 수동태 (D) is expected가 정답이다.

어휘 **heavy rain** 폭우 **affect** ~에 영향을 미치다 **area** 지역
expect ~을 예상하다 **expectation** 기대

3.

정답 (B)

해석 픽 스타 캠핑 매장은 이번 주 후반에 여분의 재고품들에 대한
계절 할인 행사를 열 것이다.

해설 주어가 단수주어이므로 우선 복수동사 (A) hold를 소거한다.

빈칸 뒤에 목적어가 있으므로 수동태 (C) is held도 소거한
다. 마지막으로 문장 맨 끝에 미래 시점을 나타내는 표현 this
week가 있으므로 미래시제 (B) will be holding이 정답이다.

어휘 **surplus** 여분의 **stock** 재고(품) **hold** ~을 열다

4.

정답 (C)

해석 어젯밤 정전으로 인해 공장 생산이 20% 줄어들었다.

해설 빈칸 앞에 주어가 있고 빈칸 뒤에 목적어가 없으므로 빈칸에는
수동태가 와야 한다. 따라서 (C) was reduced가 정답이다.

어휘 **factory** 공장 **production** 생산 **due to** ~ 때문에
power failure 정전 **reduce** ~을 줄이다

5.

정답 (B)

해석 이 편지는 길버트 혼 씨가 7월 1일부터 인사부장으로 새 업무
를 시작한다는 것을 확인하기 위한 것입니다.

해설 주어가 단수이므로 우선 복수동사 (A) have started를 소거
한다. 빈칸 뒤에 목적어가 있으므로 수동태 (C) was started
도 소거한다. 문장 맨 끝에 특정 시점을 나타내는 표현이 있으
므로 과거에서 현재까지 지속되는 것을 나타내는 현재완료시
제 (D) has been starting도 소거한다. 따라서 미래시제 능
동태 (B) will start가 정답이다.

어휘 **confirm that** ~임을 확인하다 **job** 업무

6.

정답 (A)

해석 더 높은 수요를 맞추기 위해, 채터드 회계사는 작년에 직원 수
를 늘렸다.

해설 빈칸 앞에 주어가 있고 빈칸 뒤에 목적어가 있으므로 능동태
(A) increased가 정답이다.

어휘 **in order to do** ~ 하기 위해서 **meet the demand**
수요를 맞추다 **accountant** 회계사 **number** 수
employee 직원 **increase** ~을 늘리다

7.

정답 (A)

해석 영수증을 소지하신 모든 고객들은 매장으로 돌아오셔서 불량
품에 대해 환불을 받으실 수 있습니다.

해설 빈칸 앞뒤로 주어와 전치사구가 있으므로 빈칸은 동사 자리이
며, 동사 return은 1형식 자동사이므로 수동태로 사용할 수
없다. 따라서 능동태 (A) return이 정답이다.

어휘 **receipt** 영수증 **get a refund** 환불을 받다 **defective**
결함이 있는 **product** 상품 **return** 돌아오다

8.

정답 (A)

해석 뮌헨에서 니스로 가는 고속열차 서비스는 선로 보수로 인해 일

시 중단될 것이다.

해설 빈칸 앞뒤로 주어와 부사가 있으므로 빈칸은 동사 자리인데 빈칸 뒤에 목적어가 없으므로 수동태가 와야 한다. 따라서 (A) will be suspended가 정답이다.

어휘 **temporarily** 일시적으로 **due to** ~때문에 **track** 선로 **maintenance** 유지 **suspend** ~을 중단하다

9.

정답 (A)

해석 카이트브리지 중학교에 있는 모든 장비는 2018년에 지역 전자제품 제조회사에 의해 기증된 것이다.

해설 문장의 주어가 단수이므로 복수동사 (C) have donated를 소거한다. 빈칸 뒤에 목적어가 없으므로 능동태 (B) donated를 소거한다. 마지막으로 문장 맨 끝에 과거시점을 나타내는 표현이 있으므로 과거시제 수동태 (A) was donated가 정답이다.

어휘 **equipment** 장비 **local** 지역의 **electronics** 전자제품 **manufacturer** 제조사 **donate** ~을 기부하다

10.

정답 (B)

해석 히버트 사의 새로운 재활용 정책은 시행되기에 앞서 반드시 운영이사의 승인을 받아야 한다.

해설 주어가 단수이므로 복수동사 (A) have been implemented를 소거한다. 또한 빈칸 뒤에 목적어가 없으므로 수동태 (B) is implemented가 정답이다.

어휘 **policy** 정책 **approve** ~을 승인하다 **director** 이사 **operation** 운영 **implement** ~을 시행하다